Döffert, Willy

90 Jahre Bremer Stadttheater

Das Jahrbuch 1933/1934

EUROPÄISCHER HOCH SCHUL VERLAG

Döffert, Willy

90 Jahre Bremer Stadttheater

Das Jahrbuch 1933/1934

ISBN: 978-3-86741-231-5

Auflage: 1
Erscheinungsjahr: 2010
Erscheinungsort: Bremen, Deutschland

Bei diesem Titel handelt es sich um den Nachdruck eines historischen, lange vergriffenen Buches aus dem Verlag A. Willers, Bremen (1934). Da elektronische Druckvorlagen für diese Titel nicht existieren, musste auf alte Vorlagen zurückgegriffen werden. Hieraus zwangsläufig resultierende Qualitätsverluste bitten wir zu entschuldigen.

Hinweis: Die Seite 32 des Urprungstextes enthält eine Anzeige der Bremer Nationalsozialistische Zeitung, von deren Wiedergabe nicht nur wegen der dortigen Verwendung nationalsozialistischer Symbole abgesehen wird.

Döffert, Willy

90 Jahre Bremer Stadttheater

Das Jahrbuch 1933/1934

1843 1933

90 JAHRE
BREMER
STADTTHEATER

JAHRBUCH 1933-34

Herausgegeben im Auftrage der Intendanz
des Bremer Stadttheaters von Willy Döffert

2

phot. W. Döffert.

Das Bremer Stadttheater.

3

Intendant Dr. Willy Becker   phot. Schlegel, Bremen

DIE NEUE SPIELZEIT
(Rückblick und Vorschau)

Das Schauspiel,
das die neue Regierung dem Bremer Stadttheater glücklicher Weise erhalten hat, wird durch den nationalen Aufschwung unseres Volkes vor neue große Aufgaben gestellt werden.

Unser städtisches Schauspiel, dem naturgemäß in einem „gemischten Betrieb" mit Oper und Operette viel weniger Aufführungstage zur Verfügung stehen als in einem reinen Schauspieltheater, bedarf gerade aus diesem Grunde einer ganz besonderen Pflege. Jeder Schauspiel-tag ist doppelt wichtig, die Verantwortung für jede Schauspielvor-stellung ist doppelt groß. So steht die Qualitätsauswahl zwing-gend über dem Spielplan, denn ein jeder Fehlgriff, ein Mißerfolg ist nicht so schnell wieder gutzumachen, wie in einem reinen Schau-spielbetrieb, der die schnelle Ansetzung eines neuen Stückes ermöglicht. Das Arbeitsgebiet des städtischen Schauspiels wird sich also nicht auf „Neuheiten um jeden Preis" erstrecken können; es wird das moderne Schaffen im Auge behalten, aber seine Auswahl erst nach besonders sorgfältiger Prüfung erwägen müssen, selbst auf die Gefahr hin, daß ihm das eine oder andere Stück verloren geht. Die enge dramaturgische Zusammenarbeit mit dem Kampfbund für deutsche Kultur und eine stete Beobachtung aller Neuerscheinungen wird einen guten modernen Spielplan gewährleisten. Daß das moderne Schaffen gerade in einer Zeit wie heute, wo die Gefahr der Konjunktur-Drama-tik groß ist, besonders kritisch beobachtet werden muß, ergibt sich von selbst. Aber es ist auch wohl zu erwarten, daß der neue Geist Deutschlands auch neue wirkliche Dichter schaffen wird.

Einen breiten Raum im Spielplan des Stadttheaters werden selbst-verständlich auch in kommender Spielzeit die Klassiker-Aufführungen einnehmen; denn es bedarf keines Wortes über die Verpflichtung gerade einer staatlichen Bühne zur Pflege der großen Kulturgüter unseres Volkes. Aber auch der große Apparat des Stadttheaters an

sich, die große Bühne, die hervorragenden Ausstattungsmöglichkeiten, der große Chor und das Orchester machen das Stadttheater b e s o n - d e r s geeignet, klassische Werke mit großen Ansprüchen an Szene und Personal würdig aufzuführen.

Das Stadttheater hat deshalb auch immer seine vornehmste Aufgabe in der Aufführung neueinstudierter klassischer Dramen gesehen. Es dürfte kaum ein anderes Stadttheater in Deutschland geben, daß so wie das Bremer die große klassische Kunst auf der Bühne gepflegt hat. So sind allein in den letzten vier Jahren von unserem städtischen Schauspiel gespielt worden: von G o e t h e Urfaust, Götz, Egmont, Iphigenie, Tasso ; von S c h i l l e r Räuber, Kabale und Liebe, die Trilogie Wallenstein, Maria Stuart, Jungfrau von Orleans, Braut von Messina, Wilhelm Tell; von L e s s i n g Minna von Barnhelm, Nathan der Weise; von K l e i s t Käthchen von Heilbronn, Der zerbrochene Krug, Prinz von Homburg; von H e b b e l Die Nibelungen (1. Teil); von G r a b b e Napoleon; von B ü c h n e r Dantons Tod; von S h a k e s - p e a r e Hamlet, Kaufmann von Venedig, Wintermärchen, Was ihr wollt; von M o l i è r e Die Schule der Frauen; von R a c i n e Berenice; von C a l d e r o n Über allem Zauber Liebe, Der Richter von Zalamea; von I b s e n Peer Gynt.

In der kommenden Spielzeit werden folgende grundlegende Neuein- studierungen und Neuausstattungen von Klassikern auf dem Spiel- plan erscheinen: G o e t h e s „F a u s t", beide Teile, mit der Musik von Weingartner, G r i l l p a r z e r s „D e s M e e r e s u n d d e r L i e b e W e l l e n", S c h i l l e r s „D o n C a r l o s" und „W i l h e l m T e l l", H e b b e l s „H e r o d e s u n d M a r i a m n e", S h a k e s p e - a r e s „M a c b e t h" und H e i n r i c h IV."

Hierzu werden eine Anzahl m o d e r n e r D r a m e n und L u s t - s p i e l e von Wert kommen. Das Stadttheater hat stets, unter Ab- lehnung von seichter Eintagsware, das starke, im besten Sinne natio- nale, kulturbewußte Schauspiel gepflegt und u.a. Johst, Kolben- heyer, Graff-Hintze (Endlose Straße), Hofmannsthal, Burte, Lauck- ner, Unger, Hans Ehrke, Hermann Boßdorf, Paul Schurek gespielt.

6

Dieser Tradition, nur das beste der zeitgenössischen Dramatik zu geben, wird das Stadttheater treu bleiben. Die niederdeutsche Bühnenkunst wird wie bisher aufs sorgfältigste gepflegt werden.

Die Oper

brachte auch in vergangener Spielzeit, treu ihrer alten Tradition, einen Durchschnitt durch das gesamte Opernschaffen. Im Wagner-Jahr lag das Schwergewicht selbstverständlich auf dem Schaffen des großen Bayreuther Meisters, und es muß als eine besondere Tat des Bremer Stadttheaters hervorgehoben werden, daß es als einziges Theater in Deutschland in der Lage war, mit eigenem Personal das gesamte Lebenswerk Richard Wagners von „Rienzi" bis „Parsifal" im geschlossenen Zyklus aufzuführen. Voraussetzung dazu war ein in allen Fächern voll besetztes und leistungsfähiges Künstlerpersonal.

Im übrigen brachte der Spielplan der Oper der letzten Jahre eine solche Fülle von Neuerscheinungen, daß auch hieraus die große künstlerische Leistungsfähigkeit unserer in ganz Deutschland gewürdigten Opernbühne klar wird. Es sei nur an die Neueinstudierungen und Erstaufführungen der beiden letzten Jahre erinnert, die neben dem Werk Mozarts, Beethovens, Wagners, Lortzings und den großen Spielplanopern von d'Albert, Strauß, Verdi, Puccini, folgende Werke brachten: Verdis „Othello", Puccinis „Mantel" und „Gianni Schicchi", Rezniceks „Ritter Blaubart", Tschaikowskis „Eugen Onegin", Kienzls „Evangelimann", Gounods „Margarethe", Verdis „Macht des Schicksals", Aubers „Fra Diavolo", Rossinis „Angelina" und „Semiramis", Zemlinskys „Kleider machen Leute", d'Alberts „Tote Augen", Strauß' „Elektra" Blechs „Versiegelt", Graeners „Friedemann Bach", Pfitzners „Christelflein".

Die kommende Spielzeit, die mit Wagners „Tristan" beginnt, wird gleich in den ersten Monaten Schillings „Pfeiffertag",

Puccinis „Turandot" und Marschners „Hans Heiling" bringen. Es sind ferner geplant: als norddeutsche Uraufführung die neue Oper von Roselius „Godiva", ein Werk eines modernen italienischen Komponisten, wahrscheinlich „Germania" von Franchetti und „Arabella" von Richard Strauss für den Fall, daß die neue Oper den Erfolg bringt, den man von ihr erwartet. Von sonstigen Neueinstudierungen ist vorgesehen „Stradella" von Flotow, „Die beiden Schützen" von Lortzing, „Kuhreigen" von Kienzl, „Falstaff" von Verdi, Webers „Oberon" und „Tannhäuser" in der Pariser Fassung, die Fassung, die Wagner eigentlich allein ausgeführt wissen wollte. Daneben werden selbstverständlich die Hauptwerke Mozarts, Lortzings, Verdis, Puccinis und der gesamte Wagner wieder aufgenommen werden, sodaß mit einem außerordentlich abwechslungsreichen Spielplan zu rechnen ist.

Es bleibt nur noch zu sagen, daß sowohl die Operette, wie auch das Ballett auf gewohnter Höhe stehen und für die notwendige Frohsinn spendende Entspannung im Spielplan sorgen werden.

Die neue Spielzeit ruft alle Bremer Bürger auf zur Teilnahme und Genuß an den großen Kulturwerken der Kunst!

HACHEZ

BREMER CHOCOLADE-FABRIK HACHEZ & CO

An die Freunde des Bremer Stadttheaters!

Die kommende Spielzeit des Stadttheaters wird im Zeichen des Aufbaues stehen, nicht nur des geistigen Aufbaues im Sinne eines neuen Idealismus, sondern auch des praktischen Aufbaues.

Das Theater soll wieder zu einer Kunststätte für das ganze Volk gestaltet werden. Durch den Aufbau des Spielplanes, durch die Auswahl der aufzuführenden Werke und deren künstlerisch hochstehende Wiedergabe, sollen die künstlerischen Leistungen zu einer Vertiefung und Ausbreitung unserer deutschen Theaterkultur führen.

Aber auch im praktischen Sinne soll Aufbauarbeit geleistet werden. Rein äußerlich wird das Stadttheater in der kommenden Spielzeit in einem neuen Gewande erscheinen. Neben dem neuen Anstrich des Gebäudes werden im Inneren des Theaters folgende wesentliche Verbesserungen erfolgen:

Die Eingangshalle ist zu einer heizbaren Wandelhalle umgebaut worden. Hierdurch entsteht nicht nur mehr Platz für die Bewegung der Theaterbesucher in den Pausen, sondern es wird auch das Eindringen kalter Luft in die Umgänge des Theaters verhütet.

Ferner wird durch eine neue Rahmenheizung auf der Vorbühne die oft lästig empfundene Zugluft im Zuschauerraum völlig beseitigt.

Schließlich ist eine Erneuerung des veralteten Gestühls und eine bequemere Anordnung der Sitze durch Aufstellung der Stuhlreihen in weiteren Abständen vorgesehen, die jedoch bei den durch die gegenwärtige Notlage beschränkten Mitteln nur nach und nach erfolgen kann.

Wie durch diese Erneuerungen langgehegte Wünsche der Besucher des Theaters Erfüllung finden, so ist auch eine völlig neue Gestaltung der Platzmiete erfolgt, die dem Theater neue Freunde werben soll.

Das frühere Abonnement fiel regellos auf verschiedene Wochentage und es kam oftmals vor, daß zwei Schauspielabende nacheinander auf denselben Abonnementsabend fielen, weil das Orchester für musikalische Aufführungen nicht zur Verfügung stand.

10

Durch das Entgegenkommen der beteiligten Kreise ist es jetzt ermöglicht worden, daß sämtliche Konzerte an Montagen und Dienstagen stattfinden, wodurch das Orchester dem Stadttheater an allen anderen Wochentagen zur Verfügung steht. Dadurch läßt sich der Spielplan an diesen Tagen frei gestalten, und es ist eine sorgfältigere Verteilung der darzubietenden Werke auf die einzelnen Tage möglich.

Die neuen Platzmieten sind nunmehr für einen bestimmten Wochentag gültig. Eine Festsetzung der Tage erfolgt schon im Voraus für die ganze Spielzeit. Die neue Einrichtung erfüllt die verschiedensten Wünsche der Theaterbesucher. Es läßt sich durch die Wahl des Abends ein wöchentlicher oder 14 tägiger Besuch des Theaters ermöglichen, auch findet derjenige, der musikalischen Werken den Vorzug gibt, wie der, welcher lieber ein wertvolles Schauspiel sieht, Berücksichtigung.

Neben den festbelegten Abenden wird jedem Platzmieter noch die Möglichkeit gegeben, nach eigener Wahl 6 verschiedene Abende — gleichviel ob Gastspiele oder andere besondere Vorstellungen — zu einem um 20 Prozent verbilligten Preise besuchen zu können.

Es ist alles geschehen, um in der kommenden Spielzeit das Theater zu einer Kunststätte für das ganze Volk zu gestalten. Hervorragende künstlerische Kräfte, ein kulturbewußter Spielplan der besten Werke der ernsten und heiteren Muse sollen Anregung und Entspannung für unsere Besucher bringen.

Wir wollen unser Bestes geben, um allen zu dienen. Nun erwarten wir aber auch, daß unsere Freunde dem Stadttheater die Treue halten und zu uns kommen — als Dauermieter. Denn nur durch die Platzmiete wird die Grundlage für das Bestehen des Theaters gesichert.

Und — kommen Sie nicht nur selbst — sondern werben Sie für uns in Ihren Bekanntenkreisen, damit die Abende im Stadttheater, die Sie zusammen mit Ihren Freunden besuchen, Feierstunden in den Sorgen des Alltags werden

und für Sie Kräfte auslösen zu neuem Schaffen, zu freudigem Glauben an die Wiedererstarkung unseres Volkes.

Die Intendanz des Stadttheaters.

Die neue Platzmieten-Einteilung:

Der Sonder-Abend:

„Der Mittwoch"

mit verbilligten Preisen.

Für diesen Abend werden s o w o h l g a n z e Platzmieten, umfassend 36 Vorstellungen, also für jeden Mittwoch, wie a u c h h a l b e Platzmieten für jeden zweiten Mittwoch ausgegeben.

Der Sonder-Abend „Der Mittwoch" umfaßt 24 musikalische Werke und 12 Schauspiele, die halbe Platzmiete 12 musikalische Werke und 6 Schauspiele.

Der Sonder-Abend „Der Mittwoch" ist auch der Abend für die a u s - w ä r t i g e n B e s u c h e r d e s S t a d t t h e a t e r s, die an diesem Tage für die Fahrt zum Theater „Sonntagskarten" benutzen können.

Der Sonder-Abend „Der Mittwoch" ist in zwei Gruppen eingeteilt. Eine Gruppe beginnt am 30. August, die andere am 6. September. Jede Gruppe erhält alle 14 Tage eine Vorstellung.

Die ganze Platzmiete für diesen Abend umfaßt beide Gruppen mit 36 Vorstellungen, also in jeder Woche eine Vorstellung.

Gruppe A	Gruppe B
erhält folgende **18** Abende:	erhält folgende **18** Abende:
1933: 30. Aug., 13., 27. Sept., 11.,	1933: 6., 20. Sept., 4., 18. Okt.,
25. Okt., 8., 22. Nov., 6., 20. Dez.,	1., 15., 29. Nov., 13., 27. Dez.
1934: 3., 17., 31. Jan., 14., 28. Febr.,	1934: 10., 24. Jan., 7., 21. Febr.,
14., 28. März, 11. und 25. April.	7., 21. März, 4., 18. April und 2. Mai.

Bei besonderen Anlässen muß sich die Leitung des Stadttheaters vorbehalten, eine Verlegung einzelner Tage vorzunehmen.

Jeder Platzmieter erhält ein Gutscheinheft, das ihm eine Ermäßigung von 20 Prozent bei sechs weiteren Vorstellungen nach eigener Wahl zusichert. Diese Gutscheine sind für alle öffentlichen Vorstellungen gültig.

Die Zahlung der Platzmiete kann in drei ganzen Raten oder sechs halben Raten erfolgen.

Der Preis einer Platzmiete für den Mittwoch beträgt einschließlich Kleiderablage und Abgabe für die Pensionsanstalt des Stadttheaters:

	Für die **ganze** Platzmiete umfassend 36 Abende		Für die **halbe** Platzmiete umfassend 18 Abende		Einzelpreis der Platzmiete:
	Bei drei Raten für die Rate RM.:	Bei sechs Raten für die Rate RM.:	Bei drei Raten für die Rate RM.:	Bei sechs Raten für die Rate RM.:	durchschnittlich RM.
Bühnen- und Orchesterloge	36.—	18.—	18.—	9.—	3,—
1. Rang Mitte und Seite 1. Reihe............	36.—	18.—	18.—	9.—	3.—
1. Rang Mitte und Seite 2.-3. Reihe und Logen	30.—	15.—	15.—	7.50	2.50
1. Rang Mitte und Seite 4.-5. Reihe	26.40	13.20	13.20	6.60	2.20
I. Sperrsitz 1.-6. Reihe	36.—	18.—	18.—	9.—	3.—
II. Sperrsitz 7.-11. „ ...	27.60	13.80	13.80	6.90	2.30
Parkett................ .	21.60	10.80	10.80	5.40	1.80
II. Rang Mitte und Seite 1. Reihe............	25.20	12.60	12.60	6.30	2.10
II. Rang Mitte, 2.-3. Reihe.	21.60	10.80	10.80	5.40	1.80
II. Rang Seite, 2. Reihe ...	19.80	9.90	9.90	4.95	1.65
II. Rang Mitte 4.-6. Reihe und Logen.	18.—	9.—	9.—	4.50	1.50
III. Rang Mitte, 1. Reihe ..	15.60	7.80	7.80	3.90	1.30
III. Rang Mitte, 2. Reihe und Seite, 1. Reihe ...	13.20	6.60	6.60	3.30	1.10
III. Rang Seite, 2. Reihe...	10.80	5.40	5.40	2.70	—.90

Die Zahlung der Raten hat zu erfolgen:

Bei drei Raten: vom 20.—28. August, 15.—20. November und 15.—20. Februar.

Bei sechs Raten: vom 20.—28. August, 1.—5. Oktober, 15.—20. November, 5.—10. Januar, 15.—20. Februar und 1.—5. April.

Die Platzmiete gilt als verbindlich für die ganze Spielzeit abgeschlossen. Ein Umtausch der Karten auf andere Wochentage ist nicht gestattet.

Der Gesellschafts-Abend
„Der Donnerstag"

An diesem Abend wird sich in den Räumen des Stadttheaters die Bremer Gesellschaft bei einem Spielplan ausgewählter Werke treffen.

Der Abend soll ein besonderes festliches und gesellschaftliches Gepräge haben.

„Der Donnerstag" ist in zwei Gruppen eingeteilt. Eine Gruppe beginnt am 31. August, die andere am 7. September. Jede Gruppe erhält alle 14 Tage eine Vorstellung und werden in jeder Gruppe 12 musikalische Werke und 6 Schauspiele aufgeführt.

Gruppe A	Gruppe B
erhält folgende Abende:	erhält folgende Abende:
1933: 31. Aug., 14., 28. Sept., 12.,	1933: 7., 21. Sept., 5., 19. Okt., 2.,
26. Okt., 9., 23. Nov., 7. 21. Dez.	16., 30. Nov., 14., 28. Dez.
1934: 4., 18. Jan., 1., 15. Febr.,	1934: 11., 25. Jan., 8., 22. Febr., 8.,
1., 15., 29. März, 12. und 26. April.	22. März, 5., 19. April und 3. Mai.

Bei besonderen Anlässen muß sich die Leitung des Stadttheaters vorbehalten, eine Verlegung einzelner Tage vorzunehmen!

Jeder Platzmieter erhält ein Gutscheinheft, das ihm eine Ermäßigung von 20 Prozent bei sechs weiteren Vorstellungen nach eigener Wahl zusichert. Die Gutscheine sind für alle öffentlichen Vorstellungen gültig.

Die Zahlung der Platzmiete kann in drei ganzen Raten oder sechs halben Raten erfolgen:

Der Preis einer Platzmiete für den Donnerstag beträgt einschließlich Kleiderablage und Abgabe für die Pensionsanstalt des Stadttheaters für Gruppe A oder B:

	Bei drei Raten für jede Rate RM.	Bei sechs Raten für jede Rate RM.	Einzelpreis durchschnittlich RM.
Bühnen- und Orchesterloge	21.—	10.50	3.50
I. Rang Mitte und Seite, 1. Reihe . . .	21.—	10.50	3.50
I. Rang Mitte und Seite 2. u. 3. Reihe und Logen	18.—	9.—	3.—
I. Rang Mitte und Seite, 4.-5. Reihe .	16.20	8.10	2.70
I. Sperrsitz, 1.-6. Reihe	21.—	10.50	3.50
II. Sperrsitz, 7.-11. Reihe	16.80	8.40	2.80
Parkett	12.60	6.30	2.10
II. Rang Mitte und Seite, 1. Reihe .	15.—	7.50	2.50
II. Rang Mitte, 2.-3. Reihe	12.60	6.30	2.10
II. Rang Seite, 2. Reihe	11.40	5.70	1.90
II. Rang Mitte, 4.-6. Reihe u. Logen . . .	10.20	5.10	1.70
III. Rang Mitte, 1. Reihe	9.—	4.50	1.50
III. Rang Mitte, 2. Reihe und Seite, 1. Reihe	7.50	3.75	1.25
III. Rang Seite, 2. Reihe	6.—	3.—	1.—

Die Zahlung der Raten hat zu erfolgen:

Bei drei Raten: am 20.—28. August, 15.—20. November und 15.—20. Februar.

Bei sechs Raten: am 20.—28. August, 1.—5. Oktober, 15.—20. November, 5.—10. Januar, 15.—20. Februar und 1.—5. April.

Die Platzmiete gilt als verbindlich für die ganze Spielzeit abgeschlossen. Ein Umtausch von Karten auf andere Wochentage ist nicht gestattet.

Der Sonder-Abend:

„Der Freitag"

mit verbilligten Preisen.

Der Sonder-Abend „Der Freitag" umfaßt 12 musikalische Werke und 6 Schauspiele von besonderem Wert an folgenden Tagen:

1933: 8., 22. Sept., 6., 20. Okt., 3., 17. Nov., 1., 15., 29. Dez.

1934: 12., 26. Jan., 9., 23. Febr., 9., 23. März, 6., 20. April und 4. Mai

Bei besonderen Anlässen muß sich die Leitung des Stadttheaters vorbehalten, eine Verlegung einzelner Tage vorzunehmen!

Jeder Platzmieter erhält ein Gutscheinheft, das ihm eine Ermäßigung von 20 Prozent bei sechs weiteren Vorstellungen nach eigener Wahl zusichert. Die Gutscheine sind für alle öffentlichen Vorstellungen gültig.

Der Preis einer Platzmiete beträgt einschließlich Kleiderablage und Abgabe für die Pensionsanstalt des Stadttheaters:

	Bei drei Raten für jede Rate RM.	Bei sechs Raten für jede Rate RM.	Einzelpreis durchschnittlich RM.
Bühnen- und Orchesterloge....	18.—	9.—	3.—
I. Rang Mitte und Seite, 1. Reihe	18.—	9.—	3.—
I. Rg. Mitte u. Seite, 2.-3. Reihe u. Logen	15.—	7.50	2.50
I. Rang Mitte und Seite, 4.-5. Reihe ..	13.20	6.60	2.20
I. Sperrsitz 1. bis 6. Reihe	18.—	9.—	3.—
II. Sperrsitz 7. bis 11. Reihe	13.80	6.90	2.30
Parkett........................	10.80	5.40	1.80
II. Rang Mitte und Seite, 1. Reihe ...	12.60	6.30	2.10
II. Rang Mitte, 2.-3. Reihe	10.80	5.40	1.80
II. Rang Seite, 2. Reihe	9.90	4.95	1.65
II. Rang Mitte, 4.-6. Reihe u. Logen ..	9.—	4.50	1.50
III. Rang Mitte, 1. Reihe........... .	7.80	3.90	1.30
III. Rg. Mitte 2. Reihe u. Seite 1. Reihe	6.60	3.30	1.10
III. Rang Seite, 2. Reihe	5.40	2.70	—.90

Die Zahlung der Raten hat zu erfolgen:

Bei drei Raten: am 20.—28. August, 15.—20. November und 15.—20. Februar.

Bei sechs Raten: am 20.—28. August, 1.—5. Oktober, 15.—20. November, 5.—10. Januar, 15.—20. Februar und 1.—5. April.

Die Platzmiete gilt als verbindlich für die ganze Spielzeit abgeschlossen. Ein Umtausch von Karten auf andere Wochentage ist nicht gestattet.

16

Die Platzmiete: „Der Sonnabend"
mit fast nur musikalischen Werken.

Die Platzmiete „Der Sonnabend" bringt einen an Opern und Operetten besonders reichen Spielplan.

Es werden für den „Sonnabend" zwei Gruppen von Platzmieten ausgegeben. Jede Gruppe erhält alle 14 Tage eine Vorstellung und es werden in jeder Gruppe 15 verschiedene musikalische Werke und 3 verschiedene Schauspiele aufgeführt.

Gruppe A erhält folg. 18 Abende:	Gruppe B erhält folg. 18 Abende:
1933: 2., 16., 30. Sept., 14., 28. Okt., 11., 25. Nov., 9., 23. Dez.	1933: 9., 23. Sept., 7., 21. Okt., 4., 18. Nov., 2., 16., 30. Dez.
1934: 6., 20. Jan., 3., 17. Febr., 3., 17., 31. März, 14. und 28. April.	1934: 13., 27., Jan., 10., 24. Febr., 10., 24. März, 7., 21. April u. 5. Mai.

Bei besonderen Anlässen muß sich die Leitung des Stadttheaters vorbehalten, eine Verlegung einzelner Tage vorzunehmen!

Jeder Platzmieter erhält ein Gutscheinheft, das ihm eine Ermäßigung von 20 Prozent bei sechs weiteren Vorstellungen nach eigener Wahl zusichert. Die Gutscheine sind für alle öffentlichen Vorstellungen gültig.

Der Preis einer Platzmiete für eine Gruppe, umfassend 18 Abende, beträgt einschließlich Kleiderablage und Abgabe für die Pensionskasse des Stadttheaters:

	Bei drei Raten für jede Rate RM.	Bei sechs Raten für jede Rate RM.	Einzelpreis durchschnittlich RM.
Orchester- und Bühnenloge	22.50	11.25	3.75
I. Rang Mitte und Seite, 1. Reihe	22.50	11.25	3.75
I. Rg. Mitte u. Seite, 2.-3. Reihe u. Logen	19.50	9.75	3.25
I. Rang Mitte und Seite, 4.-5. Reihe	17.10	8.55	2.85
I. Sperrsitz 1.-6. Reihe	22.50	11.25	3.75
II. Sperrsitz 7.-11. Reihe	18.—	9.—	3.—
Parkett	13.50	6.75	2.25
II. Rang Mitte und Seite, 1. Reihe	16.20	8.10	2.70
II. Rang Mitte, 2.-3. Reihe	13.50	6.75	2.25
II. Rang Seite, 2. Reihe	12.60	6.30	2.10
II. Rg. Mitte, 4.-6. R. u. II. Rg. Logen	11.10	5.55	1.85
III. Rang Mitte, 1. Reihe	9.90	4.95	1.65
III. Mitte 2. Reihe und Seite 1. Reihe	8.10	4.05	1.35
III. Rang Seite, 2. Reihe	6.60	3.30	1.10

Die Zahlung der Raten hat zu erfolgen:

Bei drei Raten: am 20.—28. August, 15.—20. November und 15.—20. Februar.

Bei sechs Raten: am 20.—28. August, 1.—5. Oktober, 15.—20. November, 5.—10. Januar, 15.—20. Februar und 1.—5. April.

Die Platzmiete gilt als verbindlich für die ganze Spielzeit abgeschlossen. Ein Umtausch von Karten auf andere Wochentage ist nicht gestattet.

Die Sonder-Platzmiete
„Der Sonntag"
nur musikalischer Werke.

Die Platzmiete „Der Sonntag" bringt nur große Opern, beliebte Spiel-opern und Operetten. Es ist der Abend der zugkräftigen Werke.

Es werden für den Sonntag zwei Gruppen von Platzmieten ausgegeben:

Gruppe A erhält folg. 18 Sonntage:	Gruppe B erhält folg. 18 Sonntage:
1933: 3., 17. Sept., 1., 15., 29. Okt., 12., 26. Nov., 10., 25. Dez. 1934: 7., 21. Jan., 4., 18. Febr., 4., 18. März, 1., 15. und 29. April.	1933: 10., 24. Sept., 8., 22. Okt., 5., 19. Nov., 3., 17., 31. Dez. 1934: 14., 28. Jan., 11., 25. Febr., 11., 25. März, 8., 22. April und 6. Mai.

Bei besonderen Anlässen muß sich die Leitung des Stadttheaters vor-behalten, eine Verlegung einzelner Tage vorzunehmen!

Jeder Platzmieter erhält ein Gutscheinheft, das ihm eine Ermäßigung von 20 Prozent bei sechs weiteren Vorstellungen nach eigener Wahl zu-sichert. Die Gutscheine sind für alle öffent-lichen Vorstellungen gültig.

Die Zahlung der Platzmiete kann in drei ganzen Raten oder in sechs halben Raten erfolgen.

Der Preis einer Platzmiete für eine Gruppe, umfassend 18 Abende, be-trägt einschließlich Kleiderablage und Abgabe für die Pensions-anstalt des Stadttheaters:

	Bei drei Raten für jede Rate RM.	Bei sechs Raten für jede Rate RM.	Einzelpreis durch-schnittlich RM.
Orchester- und Bühnenloge.........	24.—	12.—	4.—
I. Rang Mitte und Seite, 1. Reihe ...	24.—	12.—	4.—
I. Rg. Mitte u. Seite, 2.-3. Reihe u. Logen	21.—	10.50	3.50
I. Rang Mitte und Seite, 4.-5. Reihe ..	18.—	9.—	3.—
I. Sperrsitz 1.-6. Reihe..............	24.—	12.—	4.—
II. Sperrsitz 7.-11. Reihe...........	19.20	9.60	3.20
Parkett.....................	14.40	7.20	2.40
II. Rang Mitte und Seite, 1. Reihe . .	17.40	8.70	2.90
II. Rang Mitte, 2.-3. Reihe	14.40	7.20	2.40
II. Rang Seite, 2. Reihe...	13.20	6.60	2.20
II. Rang Mitte 4.-6. Reihe und Logen.	12.—	6.—	2.—
III. Rang Mitte, 1. Reihe...........	10.50	5.25	1.75
III. Rang Mitte 2. Reihe u. Seite 1. Reihe	8.40	4.20	1.40
III. Rang Seite, 2. Reihe	7.20	3.60	1.20

Die Zahlung der Raten hat zu erfolgen:

Bei drei Raten am: 20.—28. Aug., 15.—20. Nov. und 15.—20. Febr.

Bei sechs Raten: am 20.—28. August, 1.—5. Oktober, 15.—20. November, 5.—10. Januar, 15.—20. Februar und 1.—5. April.

Die Platzmiete ist verbindlich für die ganze Spielzeit.

Den bisherigen Abonnenten des Stadttheaters wird ein Vorrecht bis zum 20. Juni ds. Js. eingeräumt. Die Zuteilung der Plätze erfolgt in der Reihenfolge des Eingangs der Bestellungen. Über die bis zu diesem Zeitpunkt nicht bestellten Plätze muß anderweitig verfügt werden.

Die neuen Kassenpreise des Stadttheaters

einschließlich Kleiderablage und Abgabe für die Pensionsanstalt des Stadttheaters

	Opern-Preise RM.	Mittel-Preise RM.	Kleine Preise RM.
Orchester- und Bühnenlogen	6.—	5.—	4.—
I. Rang Mitte und Seite 1. Reihe	6.—	5.—	4.—
I. Rang Mitte und Seite 2. bis 3. Reihe und Logen	5.30	4.30	3.30
I. Rang Mitte und Seite 4.—5. Reihe	4.50	3.80	2.90
I. Sperrsitz, 1.-6. Reihe	6.—	5.—	4.—
II. Sperrsitz, 7.-11. Reihe	4.80	4.—	3.—
Parkett	3.50	3.—	2.30
II. Rang Mitte und Seite 1. Reihe . .	4.20	3.60	2.60
II. Rang Mitte 2.—3. Reihe	3.50	3.—	2.30
II. Rang Seite 2. Reihe	3.30	2.80	2.—
II. Rang Mitte 4.—6. Reihe und II. Rang Logen	3.—	2.50	1.70
III. Rang Mitte 1. Reihe	2.50	2.—	1.50
III. Rg. Mitte 2. Reihe u. Seite 1. Reihe	2.—	1.60	1.30
III. Rang Seite 2. Reihe	1.50	1.20	1.—
Galerie 1. Reihe	1.—	—.80	—.60
„ ab 2. Reihe.	—.80	—.60	—.40

Und nun überlegen Sie einmal, welche Vorteile Ihnen eine Platzmiete im Stadttheater bietet!

Sie erhalten im Laufe der neuen achtmonatigen Spielzeit vom 28 August 1933 bis 6. Mai 1934

18 oder 36 Vorstellungen, und zwar

Große Oper,
Spieloper,
Operette,
Schauspiele oder
Lustspiele

an dem gleichen Wochentag.

Die Preise sind **so niedrig,** daß auch Sie sich in dieser schweren Zeit diese Anregung leisten können.

Alle P r e i s e sind einschließlich Kleiderablage!

Weitere Vorteile bei einer Platzmiete sind:

Sie haben stets denselben Platz! Sie sparen Zeit, denn Sie brauchen sich nicht um Karten zu bemühen! Sie sparen Geld!

Also — bestellen Sie noch heute eine Platzmiete!

Und — werben Sie für uns in Ihren Bekanntenkreisen!

Sie helfen dadurch mit am kulturellen Aufbau Deutschlands!

Anmeldungen werden täglich von 9—13 Uhr und 16—19 Uhr in den Geschäftsräumen des Stadttheaters mündlich und schriftlich entgegengenommen.

20

Walter Krug, Verwaltungsdirektor   **Willy Döffert,** Vorstand des Intendanz-Büros

phot. Schlegel, Bremen

Die neue Wandelhalle (1933)   Architekten H. u. E. Gildemeister, B.D.A.

22

PERSONAL-VERZEICHNIS

Gesamt-Oberleitung:

    Intendant: Dr. Willy Becker

Vorstände:

    Verwaltungsdirektor: Walter Krug

    Vorstand des Intendanz-Büros: Willy Döffert

    Künstlerischer Beirat für das Ausstattungswesen:

    Theodor Schlonski

    Technischer Vorstand des Bühnenwesens:

    Alfons Kuckhoff

    Vorstand des Kostümwesens: Carl Sonnen

    Vorstand des Beleuchtungswesens: Adam Hoffmann

    Vorstand des Malersaales: Paul Riege

Spielleitung:

    Gesamt-Oberspielleitung: Intendant Dr. Willy Becker

    Carl Rehder, I. Spielleiter des Schauspiels

    Jan Heythekker, I. Spielleiter der Oper

    Ferdinand Ahnelt, Oberspielleiter der Operette

    Philipp Kraus, Spielleiter der Oper

    Heinrich Kastner, Spielleiter der Operette

Musikalische Leitung:

    Carl Dammer

    Dr. Eduard Weiß

    Henry Thiel, Kapellmeister der Operette

    Rudolf Esser, Chordirektor

    Eduard Martini, Kapellmeister und Korrepetitor

    Theodor Holterdorf, Korrepetitor

    Friedrich von Horn, Korrepetitor

Ballettleitung:

    Gabriele Dalgren, Ballettmeisterin

Die Mitglieder der Oper:

Sänger:

> Arthur Bednar, Hans Gleixner, Willy Kasper, Egmont Koch, Philipp Kraus, Karl Ostertag, Otto Reitmayr, Fritz Schweinsberg, Walter Wenzlawski, Erich Witte.

Sängerinnen:

> Manny Bremer, Käthe Blohm, Elisabeth Mächold, Ada Mühlbach, Grete Pense, Cäcilie Reich, Gertrude Roller, Beate Roos-Reuter, Aenne Singenstreu, Käte Teuwen, Hertha Witte.

Die Mitglieder des Schauspiels:

Schauspieler:

> Ferdinand Ahnelt, Carl Achenbach, Hans Gerlach, Walter Grüntzig, Heinrich Kastner, Josef Litsch, Heinz Lorscheidt, Josef Müller, Philipp Orlemann, Carl Rehder, Georg Schmidt, Gustav Steidl, Karl Tröndle, Rolf Weidenbrück.

Schauspielerinnen:

> Eva Fiebig, Josefa Flora, Maria Rilz, Emma Schulhof-Frühling, Ingeborg Wachendorff.

Das Ballett:

> Ballettmeisterin: Gabriele Dalgren
> Solotänzerin: Greti Naue
> 8 Tänzerinnen — Elevinnen und die Kindertanzschule.

Das Chorpersonal:

> 20 Herren, 20 Damen, Extra-Chor: 12 Herren.

Statisterie:

> Verein der Theaterfreunde: 60 Mitglieder.

24

Das städtische Orchester

besteht aus 73 Mitgliedern.

Inspizienten und Souffleusen:

Bruno Saatze, Inspizient der Oper
Werner Zadowski, Inspizient des Schauspiels
Erika Hertz, Souffleuse der Oper
Friedel Wallnau, Souffleuse des Schauspiels

Verwaltungs-Personal:

Intendanzbüro:

Thea Schwerdtfeger, Stenotypistin
Theo Rösler, Bibliothekar
Heinrich Künning, Bote

Verwaltung und Kasse:

Wilhelm Biemüller, Hauptbuchhalter
Hermann Becker, Hauptkassierer
Gertrud Pichnow, Billettkassiererin
Wilma Hennies, Bürobeamtin

25

STATISTISCHER RÜCKBLICK
AUF DIE SPIELZEIT 1932—33

Die Spielzeit wurde am 28. August 1932 mit Goethes „E g m o n t" (mit der Musik von L. van Beethoven) eröffnet und am 7. Mai 1933 mit Hanns Johsts „S c h l a g e t e r" beschlossen.

In der Zeit vom 26. Juni 1932 bis einschließlich 27. August 1932 fand eine S o m m e r - O p e r e t t e n s p i e l z e i t statt.

Die W i n t e r s p i e l z e i t umfaßte 251 Spieltage. Während dieser Zeit haben

im Stadttheater	251	Abend-Vorstellungen
„ „	75	Nachmittags- „
„ „	8	Vormittags- „
in den Centralhallen..	22	Abend- „
„ Rotterdam	1	Vorstellung
„ Groningen	2	Vorstellungen
„ Delmenhorst	5	„
„ Vegesack	5	„
„ Verden	1	Vorstellung
„ Cuxhaven	1	„
„ Bremerhaven	1	„
im Museum	1	„
„ Astoria-Theater ...	1	„
„ Rundfunk-Saal	1	„

insgesamt 375 Vorstellungen stattgefunden.

Hierin waren beschäftigt:

das Schauspiel 165 mal,
die Oper 137 mal,
die Operette 81 mal.

Aufgeführt wurden:

27 Autoren mit 36 verschiedenen Schauspiel-Werken
18 Komponisten „ 38 „ Opern- „
9 „ „ 13 „ Operetten- „

Die S o m m e r - O p e r e t t e n - S p i e l z e i t umfaßte 51 Spieltage mit 51 Vorstellungen.

Aufgeführt wurden:

3 Komponisten mit 4 verschiedenen Operetten-Werken.

D a s S c h a u s p i e l :

K l a s s i s c h e W e r k e :

Goethe:	Egmont (m. d. Musik v. Beethoven)	3	Aufführungen
„	Iphigenie auf Tauris	1	„
Grabbe:	Napoleon oder: Die Hundert Tage E	6	„

Kleist:	Prinz Friedrich von Homburg	N	4	Aufführungen
Lessing:	Nathan der Weise	N	3	„
Racine-R.A.Schröder:	Berenice	U	1	„
Schiller:	Die Räuber	N	6	„
„	Wilhelm Tell		8	„
Shakespeare:	Was ihr wollt	N	6	„
„	Ein Wintermärchen	N	4	„

Ur- und Erstaufführungen:

Balzer:	De Dör nah buten	E	6	„
Graff-Hintze:	Die endlose Straße	E	18	„
Grethe:	Wer hat das beste Los gewählt	U	3	„
Johst:	Schlageter	E	13	„
Just:	Ein Mädel hat sich verlaufen	U	6	„
Kettler:	Dornröschen	E	32	„
Kayssler:	Jan de Wunnerbare	U	2	„
	(Niederdeutsche Bearbeitung)			
Neumann:	Königsmaske	E	2	„
Unger:	Unter dem vollen Mond	U	1	„

Übersicht der aufgeführten Schauspiel-Werke nach Autoren geordnet:

U = Uraufführung   E = Erstaufführung   N = Neueinstudierung

Bahr:	Das Konzert	N	8	Aufführungen
Balzer:	De Dör nah buten	E	6	„
„	Dat Lock in'n Tun		2	„
„	Revolutschon gegen de Wiwer		3	„
Ertl:	Amor im Paradies		3	„
	(Ganghofer-Thoma-Bühne)			
Goethe:	Egmont		3	„
„	Iphigenie auf Tauris		1	„
Grabbe:	Napoleon oder: Die hundert Tage	E	6	„
Graff-Hintze:	Die endlose Straße	E	18	„
Grethe:	Wer hat das beste Los gewählt	U	3	„
Hauptmann:	Gabriel Schillings Flucht	N	4	„
„	Rose Bernd		5	„
Johst:	Schlageter	E	13	„
Just:	Ein Mädel hat sich verlaufen	U	6	„
Kayssler:	Jan de Wunnerbare	U	2	„
	(Niederdeutsche Bearbeitung)			
Kettler:	Dornröschen	E	32	„

Kleist:	Prinz Friedrich von Homburg	N	4	Aufführungen
Lessing:	Nathan der Weise	N	3	„
Neal u. Ferner:	Die drei Dorfheiligen ⎫ Ganghofer-		2	„
„	Hosenknöpf ⎬ Thoma-		3	„
Neal:	Das sündige Dorf ⎭ Bühne		3	„
Neil-Grant (Lerbs):	Mutter muß heiraten		2	„
Neumann:	Königsmaske	E	2	„
Racine-R.A.Schröder:	Berenice	U	1	„
Rauchenegger:	Der Amerikaseppl		1	„
	(Ganghofer-Thoma-Bühne)			
Schiller:	Die Räuber	N	6	„
„	Wilhelm Tell		8	„
Shakespeare:	Was ihr wollt	N	6	„
„	Ein Wintermärchen	N	4	„
Shaw:	Pygmalion (in engl. Sprache)		1	„
Thoma:	Brautschau ⎫		1	„
„	1. August ⎬ Ganghofer-		1	„
„	1. Klasse ⎭ Thoma-Bühne		2	„
Unger:	Unter dem vollen Mond	U	1	„
Walfried:	Liebe macht blind		1	„
	(Ganghofer-Thoma-Bühne)			
Wallace:	The green Pack (in engl. Sprache)		1	„

5 Uraufführungen   6 Erstaufführungen   7 Neueinstudierungen

Die Oper:
Erstaufführungen:

Graener:	Friedemann Bach	5	Aufführungen
Pfitzner:	Das Christelflein	5	„
Rossini (Bodenstedt):	Semiramis	3	„

Übersicht der aufgeführten Opern-Werke nach Komponisten geordnet:

d'Albert:	Tiefland		4	„
„	Die toten Augen		6	„
Beethoven:	Fidelio		5	„
Bizet:	Carmen		5	„
Blech:	Versiegelt	N	7	„
Graener:	Friedemann Bach	E	5	„
Leoncavallo:	Der Bajazzo		2	„

Lortzing:	Undine	N	3 Aufführungen
„	Zar und Zimmermann	N	1	„
Mascagni:	Cavalleria rusticana		6	„
Mozart:	Don Juan		3	„
„	Die Zauberflöte		3	„
Offenbach:	Hoffmanns Erzählungen	N	7	„
Pfitzner:	Das Christelflein	E	5	„
Puccini:	Die Bohème		5	„
„	Madame Butterfly		3	„
„	Tosca	N	1	„
Rossini (Röhr):	Angelina		2	„
Rossini (Bodenstedt):	Semiramis	E	3	„
Strauß:	Elektra	N	3	„
Strawinsky:	Die Geschichte vom Soldaten	N	1	„
Thomas:	Mignon	N	5	„
Verdi:	Aïda	N	1	„
„	Rigoletto		4	„
„	La Traviata		7	„
„	Der Troubadour		6	„
Wagner:	Rienzi	N	7	„
„	Der fliegende Holländer		4	„
„	Tannhäuser		5	„
„	Lohengrin		3	„
„	Die Meistersinger von Nürnberg		6	„
„	Tristan und Isolde	N	1	„
„	Parsifal		4	„
„	Das Rheingold		1	„
„	Die Walküre		1	„
„	Siegfried		3	„
„	Götterdämmerung		1	„
	Gedächtnisfeier zum 100. Geburtstage		1	„

3 Erstaufführungen   11 Neueinstudierungen

Die Operette:

Abraham:	Die Blume von Hawaii		1	„
„	Victoria und ihr Husar		1	„
Donnelly u. Romberg:	Der Studentenprinz	E	8	„
Kálmán:	Der Teufelsreiter	E	16	„
Komjati:	Tango um Mitternacht	E	10	„
Lehàr:	Friederike		7	„

30

Lehàr:	Das Land des Lächelns		7	Aufführungen
Millöcker:	Gasparone		2	„
Philipp:	Über'n großen Teich	N	9	„
Strauß, Joh.:	Die Fledermaus		7	„
„	Der lustige Krieg	E	6	„
„	Der Zigeunerbaron		5	„
Suppé:	Die schöne Galathée	N	2	„

4 Erstaufführungen   2 Neueinstudierungen

Das Ballett:

Delibes:	Coppelia	N	2	„
Gastspiel:	6 von der Staatsoper		1	Aufführung
Tänze			1	„

Durch den **Rundfunk** wurden übertragen:

Querschnitt durch den Spielplan	1	„
Der Teufelsreiter	1	„
Rienzi	1	„

Während der Sommer-Operetten-Spielzeit vom 28. Juni bis 27. August 1932 gelangten zur Aufführung:

Abraham:	Die Blume von Hawaii	E	41	Aufführungen
„	Victoria und ihr Husar		5	„
Benatzky:	Im weißen Röß'l	N	8	„
Millöcker:	Gasparone (Neubearbeitung)	E	9	„

2 Erstaufführungen   1 Neueinstudierung

WAS IST NATIONALE KUNST?

Von Intendant Dr. Willy Becker.

Kunst, ganz allgemein, ist die schöpferische Auseinandersetzung des Menschen mit der ihn umgebenden Welt, ebenso wie die wissenschaftliche Forschung, wie die philosophische Spekulation, von denen sie sich aber wesentlich dadurch unterscheidet, daß sie allein in ihren Schöpfungen den g a n z e n Menschen voll befriedigt, den inneren wie den äußeren, w e i l d i e G r u n d l a g e i h r e r G e s t a l t u n g d i e O r g a n i s a t i o n d e s M e n s c h e n selbst ist, weil sie zu seinem inneren geistigen Erfassen nicht nur, sondern auch zu seinem Körpergefühl spricht.

Ausgang aller Kunst ist also der Mensch selbst, der die Umwelt nach s e i n e m B i l d e formt, nie anders formen kann, als er sie durch sich selbst begreift. Da Kunstäußerung in diesem Sinne nie Selbstzweck sein kann, nie Angelegenheit des Einzelindividuums sondern stets M i t t e i l u n g an andere, ergibt sich logisch ihre Gebundenheit an das Verstehenkönnen des Volkskreises, in dem der schaffende Künstler lebt. Jede Kunst ist also zunächst eine rein völkische Angelegenheit. Zu seiner Volksgemeinschaft, aus der er geboren ist, aus der er alle Vorbedingungen seiner Begabung eingesogen hat, redet der Künstler zunächst. Seine Kunstschöpfung wird also in ihrem Wert, in ihrer Wirkung umso größer, tiefer und nachhaltiger sein, je inniger der Künstler mit der Seele seines Volkes verbunden ist.

Wahre Kunst ist also in ihrem Ursprung n o t w e n d i g i m m e r n a t i o n a l und je charakteristischer, rassereiner sie die besondere Eigenart eines Volkes verkörpert, destomehr wird sie über Landesgrenzen hinaus internationale Geltung haben. N u r w i r k l i c h n a t i o n a l e K u n s t i s t a u c h i n t e r n a t i o n a l. Eine internationale Kunst an sich, die etwa paneuropäisch sein wollte, wäre wie entwurzeltes Unkraut und würde kaum wirklich interessieren. Oder möchte man etwa von einer indischen Tanztruppe die neuesten Tänze europäischer Salons vorgeführt sehen? Interessiert uns nicht ein japanischer Farbenholzschnitt gerade deshalb, weil er eben so ganz japanisch ist? Und freuen wir uns an Smetana, Dvorak, Tschaikowsky, Verdi und Bizet nicht eben deshalb, weil sie die eigenste Stimme ihres Landes wiedergeben? Und dem deutschesten aller deutschen Meister, Richard Wagner, jubelt man in romanischen Ländern gerade deshalb so zu, weil er in seinem Kern unzweideutig deutsch ist.

So ist denn auch selbstverständlich die Größe, die Kraft und Reinheit eines Volkes eng mit der Blüte seiner Kunst verbunden. Nur das

Volk, das national geschlossen, die Erkenntnis seiner Eigenart in sich trägt und rein erhält, wird Nährboden eines fruchtbaren Kunstschaffens sein können. In diesem Sinne hat auch die Kunst wohl etwas mit der Politik zu tun und hängt eng zusammen mit der Größe oder dem Verfall eines Volkes.

Man möchte fast sagen, daß die Zerrissenheit europäischer Politik, daß die bereits marschierende Bolschewisierung Schrittmacher war für all die unerfreulichen, abwegigen Erscheinungen in der Kunst letzter Jahre. Waren nicht die Auflösung der Form, fast ängstliche Scheu, allgemein verständlich zu sein, die Flucht vor dem normalen, allgemein gültigen in die Ecken und Winkel eines Überindividualismus charakteristisches Merkmal eines großen Teils zeitgenössischen Schaffens? Haß gegen alles Natürliche, Hervorzerrung des Psychopathischen, des anomalen Einzelfalls waren die Probleme, mit denen man das Publikum zur Kunst erziehen zu müssen glaubte. Bevorzugter Tummelplatz dieses Überindualismus war leider gerade Deutschland. Die Gründe auseinanderzusetzen, warum sich gerade bei uns, so lange und so wenig widersprochen, dieser alles große Erleben und alles reine natürliche Empfinden zersetzende Prozeß abspielen mußte, ist hier nicht der Platz. Die tieferen Gründe zu erkennen und abzustellen ist aber eine, vielleicht d i e wichtigste Voraussetzung unseres Kunstlebens.

Im stärksten Maße gilt dieses allgemein Gesagte für das T h e a t e r, denn hier handelt es sich um e i n e K u n s t f o r m, z u d e r e m e i g e n s t e n W e s e n d i e T a u s e n d e v o n Z u s c h a u e r n v o r d e r S z e n e g e h ö r e n. Und mehr als beispielsweise eine Radierung, die gegebenenfalls ein Einzelner künstlerisch genießen kann, die deshalb vielleicht Experiment sein darf, muß das Theater von vornherein mit der Masse seiner Besucher rechnen und in seinen Darbietungen a l l g e m e i n v e r s t ä n d l i c h sein. Das Theater ist eigenste Angelegenheit der gesamten Volksgemeinschaft und niemals in seinem letzten Zweck geeignet für nur wenigen verständliche Experimente.

In diesem Sinne und nicht anders ist das Wort: Nationale Kunst, zu fassen. Man verwechsele diesen großen bedeutsamen Begriff nicht mit bürgerlichem Hurrapatriotismus, Stammtischkitsch und gutgemeinter Gesinnung. Es wird immer auf das K ö n n e n ankommen, und wie immer am Anfang neuer Epochen, wird es auch heute schwierig sein, sich nicht verwirren zu lassen durch die schon zahllosen, n u r aus bestem Wollen geborenen Werke. Wie in allen Zeiten wird es

viele geben, die sich berufen glauben, aber nur g a n z w e n i g A u s -
e r w ä h l t e. Und gerade für das Theater die richtige Auswahl zu
treffen, wird nicht leicht sein. Aber hoffen wir, daß mit der Neu-
geburt unseres Volkes, nun auch der Weg frei wird für die n e u e n,
g r o ß e n D i c h t e r, die uns das n e u e D r a m a bringen, aus der
Volksgemeinschaft heraus geboren, deutsch im tiefsten Sinne des
Wortes. Dann werden wir es hoffentlich auch wieder erleben, daß die
M a s s e n zum Theater pilgern, vielleicht einmal zu einer Olympiade
der Kunst.

Karl Dammer, I. Kapellmeister
phot. Schlegel, Bremen

Dr. Eduard Weiß, Kapellmeister

Carl Rehder, I. Regisseur des Schauspiels
phot. Büsing, Bremen

Jan Heythekker, I. Regisseur der Oper
phot. Willy Dose, Bremen

37

Arthur Bednar   Karl Ostertag
phot. E. Schneider, Zürich

Walter Wenzlawski   Otto Reitmayr

Fritz Schweinsberg
phot. Hermann Klein, Elberfeld

Willy Kasper
phot. Renneberg, Bremen

Philipp Kraus
phot. Schlegel, Bremen

40

Hans Gleixner
phot. Schlegel, Bremen

Erich Witte
phot. K. Schiek, Bremen

Gertrude Roller
phot. Ernst Förster, Wien

Käte Teuwen
phot. Gertrud Hesse, Duisburg

42

Cäcilie Reich
phot. Jacobi, Charlottenburg

Grete Pense
phot. Willy Dose, Bremen

Ada Mühlbach
phot. Jlse Lemmerich, Rostock

Beate Roos-Reuter
phot. Becker & Maaß, Berlin

Manny Bremer
phot. Willy Dose, Bremen

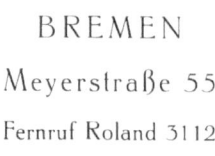
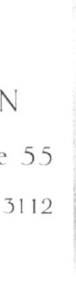

Gabriele Dalgren

Heinz Lorscheidt

Walter Grüntzig
phot. H. Haas, Hamburg

van Schyndel Schuhe

Franz Schreiber

Hutfilterstr. 7

Ernst Meyer
MOLKENSTR. ECKE OBERNSTR.
Juwelen,
Gold und
Silberwaren

45

Philipp Orlemann
phot. Schlegel, Bremen

Heinrich Kastner
phot. Schlegel, Bremen

Gustav Steidl
phot. Lemmerich, Rostock

Josef Litsch
phot. Lemmerich, Rostock

Ferdinand Ahnelt
phot. Schlegel, Bremen

Georg Schmidt
phot. Schlegel, Bremen

Hans Gerlach
phot. Julius Frank, Lilienthal

Josef Müller
phot. Aenne Loevenich, Bonn

Rolf Weidenbrück

Carl Tröndle

Eva Fiebig
phot. Atelier Hostrup, Mannheim

Ingeborg Wachendorff

50

Maria Rilz

Josefa Flora
phot. Brockshus, Bremen

51

52

AUS DER GESCHICHTE DES STADTTHEATERS.

Am 16. Oktober dieses Jahres sind n e u n z i g J a h r e vergangen seit der Eröffnung unseres Stadttheaters am Wall, das in festlich neuem Gewande dieses Jubiläum begehen wird. Wie glücklich wirkt dies Zeichen — die helfende und erneuernde Fürsorge des Staates für sein Theater — auf uns ein, wenn wir lesen, daß der große bremische Theatermäzen Hofrat Dr. Schütte vor hundert Jahren noch schreiben konnte: daß es in ganz Deutschland keine einzige Stadt gebe, wo von staatswegen für die Kunst so wenig gesorgt werde wie in der kleinen wohlhabenden Republik Bremen. Dieser selbe Dr. Schütte hatte in

Das Stadttheater in seiner ersten Gestalt (1843)

seiner nimmermüden Begeisterung für das bremische, stehende Theater die Gelder für den ersten Theaterbau zusammengebracht, der 1792 am Ostertor, als Holzbau, errichtet wurde. Er gründete auch einen zweiten „Theaterbauverein", 1826, mit dem Ziele, ein steinernes Stadttheater in Bremen zu bauen. Dieser Verein wirkte zunächst unauffällig, aber segensreich für die Kunst Thaliens. Er kaufte im Jahre 1840 das alte Gebäude für 11000 Taler und vermietete es für eine mäßige Pacht an den tüchtigen bremischen Theaterdirektor Friedrich Engelken, der von 1840—1843 im alten Gebäude spielte, das unheizbare Gebäude mit Öfen versah und — unter Zurückdrängung der großen Oper — im wesentlichen Schauspiele herausbrachte. Während dieser drei Jahre wurde das neue Theater auf dem heutigen „Theaterberg" fertiggestellt.

Das in klassizistischem Stil gebaute schöne neue Theater wurde nun von einem neugebildeten „Theaterunternehmungsverein" gegen eine entsprechende Miete übernommen, und dieser Verein stellte einen technischen Direktor mit festem Gehalt an. Dem Unternehmungsverein gehörte eine ganze Anzahl bremischer Kaufleute und Senatoren an, deren Namen noch heute einen guten Klang haben, wie Olbers, Delius, Hagendorff, Löning, Schumacher. Direktor wurde K. A. Ritter. Sohn eines bekannten Mannheimer Komponisten, der am 16. Oktober 1843 das neue Theater mit Deinhardsteins „Hans Sachs" eröffnete. Es zog ein neuer Geist ein in das (seit 1824 so genannte) „Bremer Stadttheater". Die Leitung arbeitete nicht nur nach geschäftlichen, sondern mindestens ebenso sehr nach künstlerischen Grundsätzen. Man stellte klug und geschmackvoll einen vorzüglichen Spielplan auf und nutzte das vorhandene künstlerische Personal geschickt aus.

Ansicht des Stadttheaters vom Bischofstor gesehen

Ritter brachte gute Mannheimer Traditionen mit und war ein geistig regsames und anregendes Mitglied der Bremer Gesellschaft, einer der Mitbegründer des heute noch blühenden „Künstlervereins". Die Jahre 1843—1846 waren Zeiten ruhiger Kunstentwicklung für das Theater. Selbst der von Zeit zu Zeit immer wieder auflebende Widerspruch der bremischen Geistlichkeit gegen das „Teufelswerk der Bühne" verstummte, seitdem der ausgezeichnete Komiker Lemke unter großem Beifall des Publikums Molières „Tartuffe" in der Maske eines eifernden Predigers von Sankt Stephani vorgetragen hatte.
Im Jahre 1846 verwirklichte der Unternehmungsverein den (auch sozial so wichtigen) Plan der ganzjährigen Spielzeit und fester Kon-

trakte; damit waren die Künstler während eines großen Teiles des Jahres nicht mehr ohne Gage und Heimat. Leider entstanden Reibungen zwischen dem geschäftlichen Komitee und der künstlerischen Leitung, das unheildrohende Jahr 1848 warf seine Schatten voraus, Fragen der Kunst und Kultur traten in den Hintergrund, als der reaktionäre Konservativismus dem nationalen Liberalismus das Staatssteuer überlassen mußte: doch der Staat versagte sich, als er jetzt Gelegenheit hatte, das Theater für sich zu erwerben.

So trat das alte Pachtsystem mit all seinen Mängeln wieder in Kraft. Doch muß anerkannt werden, daß kein Nachfolger des Intendanten Ritter ein unwürdiger Verwalter dieser ersten Kulturstätte der Stadt gewesen ist. Von 1849 bis 1853 hatte der bisherige Intendant Ritter selbst das Theater gepachtet. Dann folgten L. A. Wohlbrück (1853—1860), K. A. Ritter und Heinrich Behr (1860—1864), Friedrich Feldtmann (1864—1867), A. Rösicke (1867—1877), Ackermann (1878), E. Pohl (1878—1883), Angelo Neumann (1883—1885), A. Senger (1885—1890). Inzwischen hatte sich aber der Senat der Freien Stadt Bremen im Jahre 1856 auf Antrag aus der Bürgerschaft hin genötigt gesehen, das Theatergebäude mit Hilfe einer „Privat-Zusteuer" von 11000 Talern und des immer noch bestehenden Theatervereins von 1826 in staatlichen Besitz zu nehmen. Das Gebäude und seine Verpachtung wurde einer Senatskommission von zwei Mitgliedern unterstellt, dem seit 1905 eine Bürgerschafts-Deputation von zwölf Mitgliedern als Mitbestimmungsbehörde in Finanzfragen beigeordnet wurde. Damit war das heute neunzigjährige Gebäude, der bedeutende Dekorationsfundus und der außerordentlich wertvolle Kostümbestand Eigentum des Staates geworden, doch lehnte der Staat die finanzielle Übernahme des Betriebes grundsätzlich ab. Das Theater wurde also weiter verpachtet, der Staat stellte gegen eine geringe Summe Haus und Fundus zur Verfügung. Die letzten Pächter waren die Herren Direktoren Hofrat Erdmann-Jeßnitzer, Hubert Reusch und Hofrat Julius Otto, die finanziell wie künstlerisch das Theater auf guter Höhe halten konnten. Nach dem Kriege wurde — mit dem 1. Juli 1920 — auch die finanzielle Übernahme des Stadttheaters durch die „Deputation für das Städtische Orchester und das Stadttheater" durchgeführt. Seit dieser Zeit untersteht das Stadttheater unmittelbar dem Senat der Stadt Bremen.

Möge der heute fast klassisch anmutende Bau noch manch Jahrzehnt seine Aufgabe erfüllen, ein Tempel zu sein, in dem die Waffen schweigen und nur die Musen reden: zur Ehre und zum Ruhm des deutschen Namens, des deutschen Geistes und der deutschen Kunst.

P.

Der Wall mit dem Stadttheater im Jahre 1843

Das Stadttheater nach dem Umbau im Jahre 1860

K. A. Ritter, der erste Direktor des Bremer Stadttheaters (1843—49)

BAUGESCHICHTLISCHES.

Von Baurat F. A. Zill, Bremen.

Der 16. Oktober 1843 war für Bremens Kunstleben ein Ereignis. In den festlich geschmückten Räumen des neuerbauten massiven Theaters auf dem „Tempelberg", jetzt „am Wall" waren alle kunstliebenden Bremer unter Führung des Herrn Senator Oelrichs, der sich um die Errichtung des neuen Theaters besondere Verdienste erworben hatte, erschienen, um der Fest-Ouvertüre aus dem Schauspiel „Hans Sachs" von Deinhardstein zu lauschen. Der freie Zugang war ohne Ausnahme für das neue Theater aufgehoben; auf dem Theaterprogramm konnte es jeder lesen. Es muß demnach nicht sehr schwer gewesen sein, in das alte aus Holz erbaute Theater am Ostertor freien Zugang zu erlangen. Gewiß wird diese Neuerung den begeisterten „Theaterbesuchern" des freien Zuganges als überflüssig erschienen sein.

Das neuerbaute Theater, von dem der Kern heute noch steht, gehörte dem Bremer Theaterverein, dessen Kunstbegeisterung und Opferwilligkeit Bremen dieses für damalige Zeit sehr ansehnliche, große weiträumige Theater zu verdanken hatte. Der Entwurf des Theaters stammt von dem Architekten Seemann. Er ist vermutlich aus dem Wettbewerb für Entwürfe zu einem neuen Theater, an dem sich u. a. Poppe, H. Müller, Depken, G. Tölken und H. Rauschenberg beteiligt hatten, als Sieger hervorgegangen. Die Ausführungspläne von Seemann sind von folgenden Herren genehmigt worden: G. Cäsar, D. U. Wätjen, Schick, Delius, H. W. Löning, Karl H. Oelrichs und C. Talla. Bei einem Vergleich der beiden Grundrisse von 1843 und 1933 erkennt man, daß von dem Theater von 1843 nur wenig mehr als die Umfassungsmauern geblieben sind, da Bühne, Zuschauerraum und Nebenräume der Entwicklung des Theaters folgend wiederholt erweitert werden mußten. Vermutlich besaß das neue Theater keine Sammelheizung, sondern rechts und links der Bühnenöffnung wird je ein Ofen gestanden haben, ebenso wurden die Nebenräume durch Ofenheizung erwärmt. Im Jahre 1856 hat der Staat das Theater übernommen und bald danach 1859 wurden die ersten zwei Sammelheizungen, eine rechts, eine links der Bühnenöffnung im Bühnenkeller eingebaut. Bereits 1862 genügte die Größe des Theaters dem Andrange zu den Vorstellungen bei weitem nicht mehr, sodaß ein weitgehender Umbau des Zuschauerraumes, und der Nebenräume erforderlich war. Der Zuschauerraum, dessen Grundriß bisher einen Kreisabschnitt darstellte, wurde bis in die Vorhalle vorgezogen und bekam dadurch eine längliche Grundrißform, wobei nun auch die Vorhalle nach vorn

Wettbewerbsentwürfe für den Bau des Bremer Stadttheaters

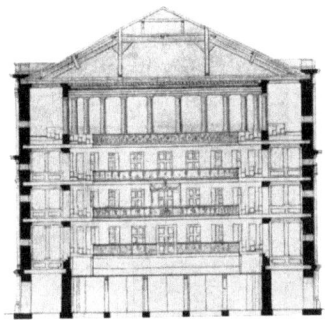

Unausgeführter Entwurf von Architekt W. Poppe, Bremen
Durchschnitt und Vorderansicht

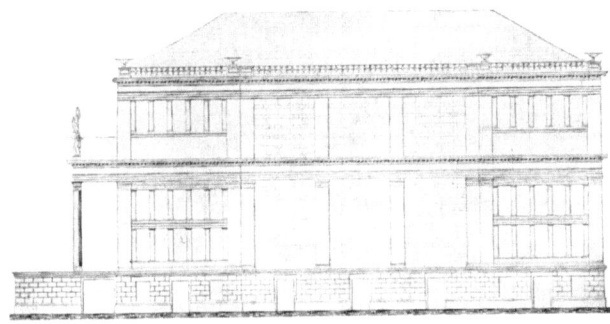

desgl. Seitenansicht

Unausgeführter Entwurf von Architekt H. Müller, Bremen
Seitenansicht

59

Nichtausgeführter Entwurf von Architekt H. Depken, Bremen
Perspektive

herausgebaut werden mußte. Der Zuschauerraum erhielt damals von
dem Architekten Rippe, die heutige Gestalt und Architektur. Die
Decke des Zuschauerraums stammt auch aus dieser Zeit und ist von
dem Bremer Maler Fitger entworfen und ausgeführt. Aber auch die
Abmessungen der Bühne genügten nicht mehr den Ansprüchen. So
wurde 1874 die Hinterbühne angebaut. Danach folgte 1882 ein groß-
zügiger Umbau sämtlicher Treppenanlagen und Nebenräume. 1884
wurde die Bühnenmaschinerie für die Versenkungen von dem
Maschinendirektor des Kgl. Bayrischen Hoftheaters in München, C.
Lautenschläger, eingebaut. Für die Besucher des Sperrsitzes entstand
1889 der große Erfrischungsraum, wobei auch neue Garderobenräume
geschaffen werden mußten. Der Kern des alten Theaters trat immer

desgl. Ansicht der Hauptfassade

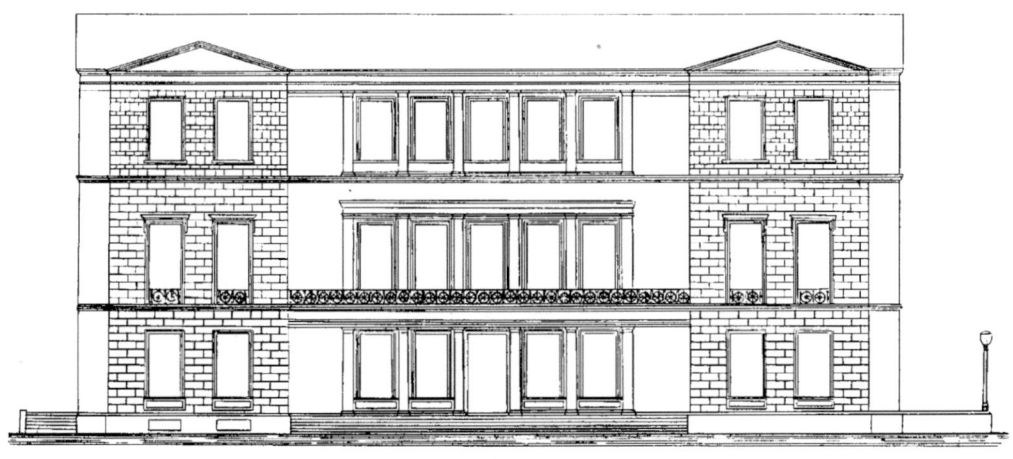

Ausgeführter Entwurf von Architekt Seemann, Bremen
Hauptfassade

desgl. Seitenansicht

61

mehr hinter die neuen Anbauten zurück, doch war noch längst nicht alles getan, um der immer mehr fortschreitenden Entwicklung der Bühnentechnik und den begründeten Ansprüchen der Theaterbesucher gerecht zu werden. Die Magazine für den Fundus waren viel zu klein und so wurden links und rechts der Hinterbühne ausgedehnte Magazine angebaut, die zwar nicht den Bedarf voll deckten, aber doch durch die leichte Erreichbarkeit einen großen Fortschritt bedeuteten. Die einzelnen Geschosse dieser Magazine wurden im Jahre 1931 durch einen 4 x 4 m großen Aufzug miteinander verbunden, sodaß nun die schwierige und umständliche Beförderung der Setzstücke von Geschoß zu Geschoß durch Arbeiter unterbleiben konnte. Im Jahre 1902 wurde ein Entwurf aufgestellt zur Beseitigung der kleinen Treppen, die in die Parkettlogen führte. Zu diesem Zwecke mußten Teile des Umganges und des Vestibüls höher gelegt werden. Auch dieser Entwurf wurde bald darauf ausgeführt. Hierbei wurde auch die Kasse, die bisher ihren Platz an der dem Eingang gegenüberliegenden Wand hatte, an die Seitenwand der Halle verlegt. Bei Beginn der neuen Spielzeit wird die Halle wiederum ein neues Gesicht zeigen, wir werden die Kasse an der Stelle vorfinden, wo bisher der Haupteingang lag. Die drei störenden Stufen inmitten der Halle, werden beseitigt sein. Die Halle wird in Zukunft geheizt und einen angenehmen Aufenthalt während der Pausen bieten.

Nach dem Kriege hat das alte Theater noch weitere wesentliche Verbesserungen erfahren. So wurde 1922 der Rundhorizont eingebaut. Zu erwähnen sind hier auch die schwierigen Unterfangungsarbeiten im Jahre 1924. Vor 90 Jahren standen unserem Theaterbaumeister Seemann nicht die technischen Hilfsmittel zur Verfügung, um das Theater unbedingt standsicher zu errichten. Der Tempelberg ist aufgefüllter Boden; die tragfähigen Bodenschichten liegen etwa 14 m tief. Um die Fundamente in dieser Tiefe anlegen zu können, fehlten Seemann damals die technischen Möglichkeiten. Er mußte deshalb die Mauer so gut wie möglich auf dem aufgefüllten Boden errichten. Bis 1924 war daher nach und nach der Vorderteil des Theaters einen halben Meter tief in die Erde versunken. Unter die Umfassungsmauer des alten Theaters wurden deshalb 14 m lange Eisenbetonpfähle eingebracht und damit dem weiteren Wegsacken des Theaters Einhalt geboten. In demselben Jahre wurden geräumige Verwaltungsräume mit einer Wandelhalle für die Sperrsitzbesucher angebaut. 1927 und 1928 erhielt das Theater eine vollständig neue elektrische Lichtanlage, da die vorhandene Leitungsanlage nicht mehr den Vorschriften entsprach,

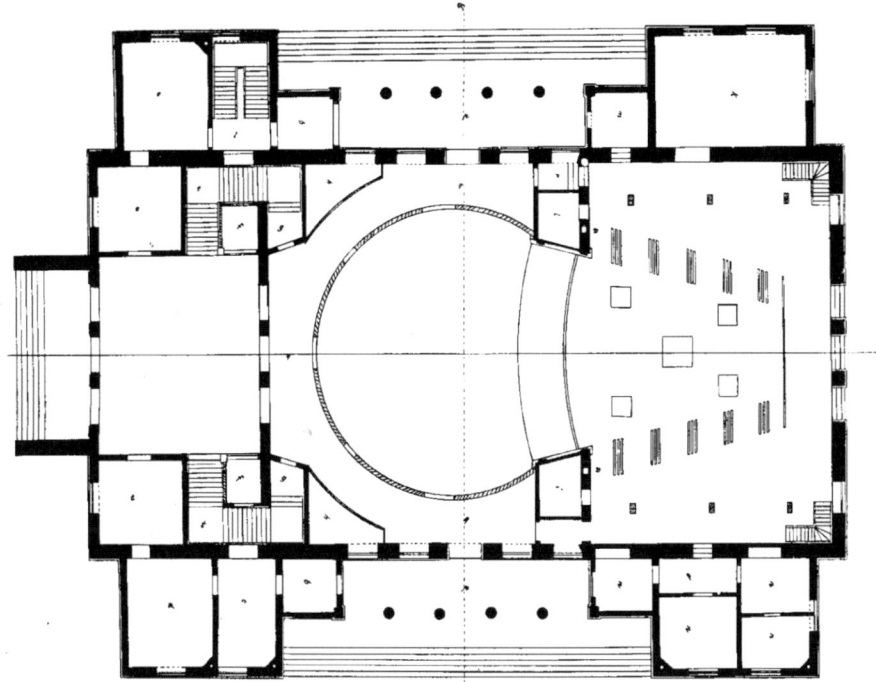

Grundriß des Stadttheaters von 1843. Ausführungs-Entwurf Seemann, Bremen

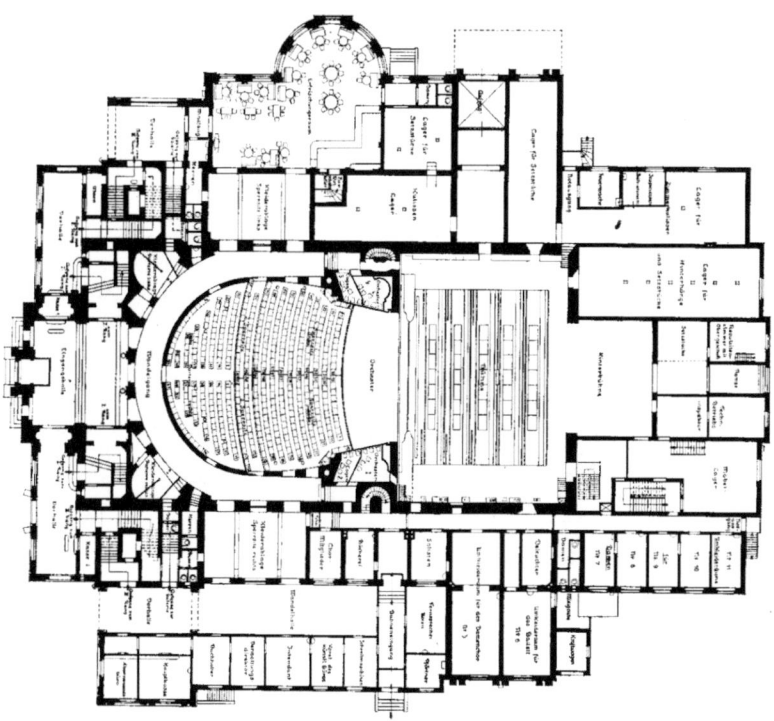

Grundriß des Stadttheaters im Jahre 1933

63

die das Elektrizitätswerk aus Sicherheitsgründen stellen mußte. Ebenso wurde die Bühnenbeleuchtung erneuert und erweitert. Die Zahl der Heizungen hat sich im Laufe der Jahre dem Raumzuwachs des Theaters entsprechend auf neun erhöht.

Es würde zu weit führen, alle baulichen Maßnahmen, die während fast eines Jahrhunderts am Stadttheater vorgenommen werden mußten, aufzuführen. Es sollte hier nur ein Bild gegeben werden der hauptsächlichsten baulichen Änderungen, die seit Bestehen des Theaters erforderlich waren, damit Bremens Stadttheater nicht nur erhalten, sondern auch eine, der Freien Hansestadt Bremen würdige, gern besuchte Kulturstätte bleibt.

Bilder von den großen Unterfangungs-Arbeiten im Jahre 1924

Bohrgerüst im Wandelgang des Sperrsitzes

Absteifungen und Einbringung
der eisernen Rohre für den Gußbetonpfahl

DAS SCHÖNE IM BREMER STADTTHEATER.
Von Emil Waldmann.

Nachdem unser Stadttheater durch die künstlerisch so hochbedeu-
tende Arbeit der Baumeister Brüder Gildemeister in diesem Jahre
nun auch in den bisher vernachlässigten Teilen seiner Innenausstattung, wie der Eingangshalle, endlich eine dieser Kulturstätte würdige und schöne Form der Innenarchitektur erhalten hat und auch der
Zuschauerraum als Ganzes ein Fest für die Augen geworden ist, wird
man in müßigen Augenblicken als Besucher sich gern einmal auch
Rechenschaft darüber ablegen, wie nun künstlerisch das Neue zum
Alten paßt. Und man stellt dankbar fest: Es ist eine Harmonie geworden. Die einzelnen Teile gehen vollkommen, ohne Bruch, ineinan-
der und im Ganzen auf, Eines bereitet immer auf das Andere vor,
in langsamer künstlerischer Steigerung. Umbauen ist schwerer als
Neubauen. Es verlangt, außer dem baukünstlerischen Können, das
hier bei den neuen Teilen in hervorragendem Maße an der Arbeit
war, noch mehr: Es verlangt künstlerischen Takt, etwas das auch
und erst recht schöpferische Gestaltungskunst bedeutet. Das Alte,
Vorhandene in seiner Eigenschaft nicht nur schonen und erhalten,
sondern noch steigern, und dennoch, ohne jede Altertümelei das
Kunstgefühl und das Stilgefühl der eigenen Zeit ausdrücken, das Em-
pfinden der Gegenwart mit Überzeugung und Sauberkeit in neue
Gestalt und eigene Form gießen. Dies bedeutet große Leistung, viel
größer, als hätte man etwa, um eine Art von bloß kunsthistorischer
Stilreinheit zu erzielen, in den neu geschaffenen Teilen nur eine
Nachahmung und gelehrte Weiterführung des alten, in der ersten
Bauzeit waltenden Dekorationsgeschmacks unternommen und das
Stilempfinden der neuen Zeit nicht zu Worte kommen lassen. Qualität steht immer zu Qualität. Dies lehrt die Geschichte der Baukunst.
Ein Innenraum einer romanischen Kirche, wäre er noch so ernst und
großartig in seinem Stilcharacter, wird nicht durch die ein halbes
Jahrtausend später geschaffene Zutat eines in seiner Formensprache
malerisch ausschweifenden Barock-Wandgrabes etwa gestört, sondern,
wenn mit künstlerischem Feingefühl angebracht, womöglich noch
gesteigert. So ist, wenn auch mit umgekehrten Vorzeichen im ryth-
mischen Wechsel zwischen Einfachheit und Pracht, der schöne Zuschauerraum des Stadttheaters heute durch die gefühlssichere Be-
handlung in der Gestaltung der vorbereitenden Räume wieder zu
seinem künstlerischen Schönheitsrecht gekommen.
Unter den vielen, in der zweiten Hälfte des 19. Jahrhunderts gebauten
Theatern nimmt durch seine Innenausstattung das bremische kunstge-
schichtlich eine besondere Stellung ein. Der Zeitstil, die neudeutsche
Renaissance der sechziger Jahre, ward hier von echtem Künstler-

Die Decke im Stadttheater

geist und von schönheitsempfindlichem Künstlerauge angewandt. Arthur Fitgers, des großen, heute zu Unrecht fast vergessenen bremischen Talent war am Werke. Zwar mußte der einstige Vorhang mit seinem Gemälde von Apollo und den neun Musen vor einem Vierteljahrhundert einem schönen dekorativen Vorhang von feinstem Kunstgewerbe weichen, aber eine Reihe allegorischer Wandbilder sind in den Wänden des dritten Ranges noch vorhanden. Sie gehören zu Fitgers besten Arbeiten, seinem Meisterwerk, den Wandmalereien im Treppenaufgang der Bremer Börse im Stil unmittelbar verwandt. Hier von schwächlicher Makart-Nachahmung zu reden, wäre außerordentlich ungerecht. Fitger war in guten Tagen eine durchaus selbständige Natur auf dem Gebiete der künstlerischen Dekoration, mit großem Schwung und malerischem Feingefühl. Einen Raum festlich zu dekorieren verstand er wie nur Wenige, mochte gelegentlich auch einmal die Einzelform zeichnerisch wie malerisch unter der künstlerischen Festfreude ein wenig leiden. Auf das Festliche kam es an, besonders beim Theater. Innerhalb der prächtigen, wenn hier auch

Die Rechteck-Decke über dem Orchester

sehr zurückhaltenden und trotz reicher Vergoldung an keiner Stelle überladenen Architektur entfaltet sich die Malerei, farblich auf den Dreiklang von Elfenbeingelb, Gold und Rot gestellt, in wohltuendem Gleichgewicht zwischen festem Gerüst der Ornamentierung und reicher, lebendig und geistreich erfundener Einzelform. Die alten Dinge, wie sie in den Wandmalereien der römischen Häuser in Pompeji und fünfzehnhundert Jahre später in Raffaels Loggien im Vatikan und in Guilio Romanos Palastschmuck in Mantua auftreten, sind in überraschendsten Abwandlungen an der prächtigen Runddecke über dem Zuschauerraum und der anstoßenden Rechteckdecke über dem Orchester, zu neuem Leben erweckt, überall unterbrochen von einfassendem geschnitzten und vergoldetem Rahmenwerk, das dann, bald reicher, bald sparsamer die Brüstungen der Proszeniumslogen und der Ränge überzieht. Gold auf Elfenbein, im Einzelnen lebendig entworfen und modelliert und kunsthandwerklich gearbeitet. Bei festlich erleuchtetem Hause ist es wirklich ein festlich leuchtendes Haus, die würdige Stätte für die Hingabe der Menschen an große Dichtung oder edle Musik. Wilhelm Heinse schrieb einmal im Ardinghello: „Schönheit ist, was Vergnügen würket. Was bloß Schmerz verhüten soll, braucht an und für sich noch nicht schön zu sein." Manche im 20. Jahrhundert errichtete Theater sind in ihrer Innenarchitektur nicht weiter gediehen als bis zur puritanischen Schmerzverhütung. Bremen aber hat durch das Zusammenwirken früherer und heutiger Künstler ein schönes Theater. Es wird „Vergnügen würken". Das heißt aus Wilhelm Heinses Sprache in die heutige Sprechweise sinngemäß übertragen: „Künstlerischen Genuß und seelische Erbauung".

Blick in den Zuschauerraum

Bremer Stadt-Theater.

1.

Montag, den 16. October 1843.

Erste Vorstellung

im neuen Schauspielhause.

Fest-Ouverture,

componirt von Herrn Musikdirector Hagen.

PROLOG.

Die Muse des Schauspiels	— — —	Demoiselle Rubenow.
Die Muse des Trauerspiels	— — —	Demoiselle Blumenthal.
Die Muse des Lustspiels	— — —	Madame Scheele.
Die Muse der Oper	— — —	Demoiselle Mehr.
Die Muse des Tanzes	— — —	Madame Pfeifer.

Hierauf:

Hans Sachs.

Schauspiel in vier Abtheilungen, von Deinhardstein.

Personen:

Kaiser Maximilian der Erste	— — —	Herr Wellrabe.
Meister Steffen, Goldschmidt in Nürnberg	— — —	Herr Lemke.
Kunigunde, seine Tochter —	— —	Demoiselle Rubenow.
Hans Sachs, Schuster und Meistersänger	— —	Herr Schmale.
Eoban Hesse, Rathmann aus Augsburg	— —	Herr Böhme.
Erster } Kämmerling	— —	Herr Kölchel.
Zweiter }	— —	Herr Schmidt.
Erster } Meistersänger	— —	Herr Neuhaupt.
Zweiter }	— —	Herr Rudolph.
Meister Jacob, der Becker, }	— —	Herr Samek.
Meister Martin, der Kramer, } Bürger aus Nürnberg	— —	Herr Thöne.
Meister Nicolas, der Schuster, }	— —	Herr Gebehen.

Gefolge des Kaisers. — Meistersänger. — Merker. — Schwerdt-Meister.
Stadtsoldaten. — Verschiedene Zünfte der Stadt Nürnberg. — Volk, beiderlei Geschlechts.

Die Handlung begiebt sich in Nürnberg um das Jahr 1517.

Preise der Plätze:

Untere Loge und Sperrsitze	48 Grote.
Obere Loge und Parterre	36 „
Dritter Rang	18 „
Gallerie	12 „

Der Eingang zu den Logen, Sperrsitzen und zum Parterre ist durch die Thüren des Portals, zum ersten Range und zur Gallerie von der Seite der Brückenstraße unter dem Säulengange.

Die Gallerien sind anzuweisen, den Umtritt auf die Plätze zu gestatten, wohin die Billete lauten.

Nach geschlossener Einnahme geschieht die Abfahrt der Kutschen von den Oberhandlern; die Abfahrt nach dem Heerdenthore aus haben die Wagen in einer Richtung zu halten. Der Besuch des Bodens ist weder im Proben noch während der Vorstellungen erlaubt.

Der freie Zugang ist ohne Ausnahme aufzuheben.

Cassen-Oeffnung 5 Uhr, Anfang 6 Uhr.

☞ Bestellungen auf den Theater-Zettel werden in der J. G. Heyse'schen Buchhandlung, Pelzerstraße No. 9, angenommen.

Der erste Theaterzettel von der Eröffnung des Stadttheaters

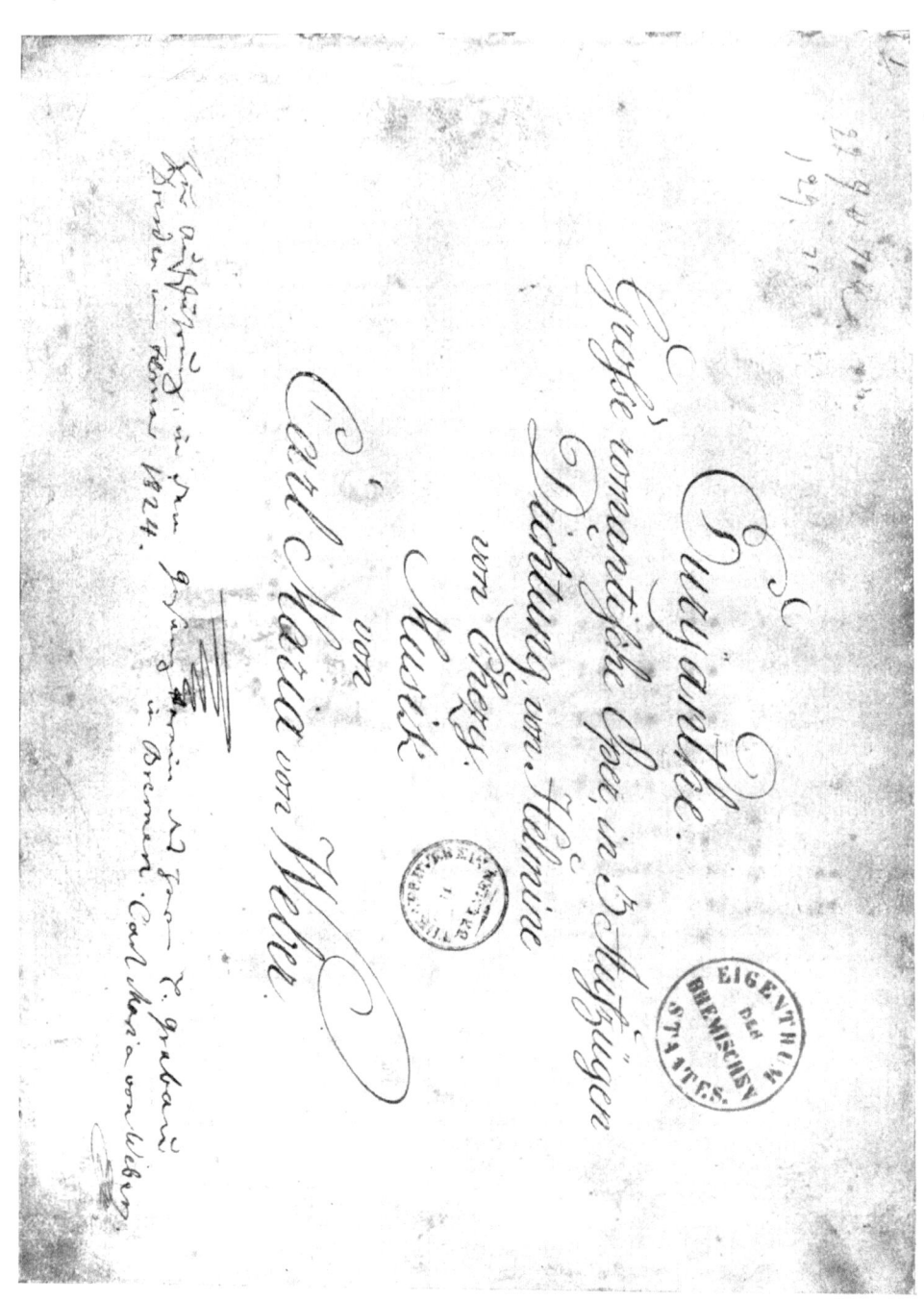

Titelseite der Partitur zu „Euryanthe" mit der eigenhändigen Unterschrift von Carl Maria von Weber

Titelseite der Partitur zu „Zar und Zimmermann" mit der eigenhändigen Unterschrift von Albert Lortzing

Das Ballfest des Bremer Künstler-Vereins im Stadttheater am 12. Februar 1861
(Nach einer Zeichnung von J. F. Hennings)